Como domesticar seu humano

BARBARA CAPPONI

Como domesticar seu humano

Um guia para gatos

Ilustrações Andrea Ferolla
Prefácio Daria Bignardi

SEXTANTE

Título original: *Come addomesticare un umano*

ilustrações: Andrea Ferolla
tradução do italiano: Aline Leal
preparo de originais: Rachel Rimas e Taís Monteiro
revisão: Suelen Lopes e Rafaella Lemos
diagramação: Ana Paula Daudt Brandão
adaptação de capa: Natali Nabekura
impressão e acabamento: Lis Gráfica e Editora Ltda.

CIP-BRASIL. CATALOGAÇÃO NA PUBLICAÇÃO
SINDICATO NACIONAL DOS EDITORES DE LIVROS, RJ

C247c
Capponi, Barbara, 1966-
Como domesticar seu humano / Barbara Capponi ; ilustração Andrea Ferolla ; tradução Aline Leal. - 1. ed. - Rio de Janeiro : Sextante, 2023.
128 p. : il. ; 21 cm.

Tradução de: Come addomesticare un umano
ISBN 978-65-5564-697-9

1. Gatos - Humorismo. 2. Humorismo italiano. 3. Paródia. I. Ferolla, Andrea. II. Leal, Aline. III. Título.

CDD: 857
23-84101 CDU: 82-7(450)

Meri Gleice Rodrigues de Souza - Bibliotecária - CRB-7/6439

GMT Editores Ltda.
Rua Voluntários da Pátria, 45 – Gr. 1.404 – Botafogo
22270-000 – Rio de Janeiro – RJ
Tel.: (21) 2538-4100 – Fax: (21) 2286-9244
E-mail: atendimento@sextante.com.br
www.sextante.com.br

SUMÁRIO

Para Príncipe Leopoldino, Capitão Tornado, Pimlico, Bobo, Diego, Luigino, Pongo, Amelia, Marta, Bicia, Tigresa, Popò, o velho Mao, Gatão, a pequena Dorrit, Apida, Lorota, Avelã, Obama...

e para todos os gatos que nos deram a honra de sua amizade e sua consideração.

PREFÁCIO

Daria Bignardi

Comecei a ser domesticada pelos gatos aos 5 anos de idade. O primeiro de todos se chamava Gatão. Eu e minha irmã dizíamos que ele era tão inteligente, mas tão inteligente, que abria as latinhas de comida sozinho. Ela o encontrou debaixo de um carro estacionado em frente à nossa casa em Ferrara, em um gélido e nebuloso 21 de janeiro – data em que desde então comemoramos o aniversário dele, embora o veterinário tenha dito que Gatão já estava com 4 ou 5 meses. Ele foi nosso companheiro por 21 anos. Quando eu chorava, e eu chorava bastante, ele vinha mc consolar e lambia minhas lágrimas. Era um gato majestoso de pelo longo, da raça Norueguês da Floresta, e sempre o considerei meu irmão mais velho. Falei dele em detalhes no meu primeiro livro, *Non vi lascerò orfani* [Não vou deixar vocês órfãos]. Quando Gatão morreu, eu já tinha saído de casa havia muitos anos.

Depois que ele se foi, minha mãe adotou Alonzo, um gato cinza-perolado de olhos esbugalhados que, de acor-

Ferolla

do comigo e com minha irmã, acabou desenvolvendo transtorno bipolar por viver sozinho com ela.

No momento, moro há 14 anos com Barack Obama, um gato alto e magro, rajado de olhos verdes, que cresceu complexado porque desde pequeno vivo lhe dizendo que ele é muito bonzinho e bonito, mas não é nem nunca será inteligente como meu irmão Gatão. Nessas horas, Obama abaixa as orelhas, aborrecido, embora eu desconfie que ele faça isso só para me agradar.

Hoje em dia, depois de ter morado por muito tempo com a gata Janis, minha irmã tem a companhia de Coala, um gatinho meio selvagem que nasceu em Goro, uma cidadezinha no delta do rio Pó, no norte da Itália.

Minha sobrinha Annalena, filha mais velha dela, conviveu com Cassia e Amelia e agora divide os dias com Clodia e Lupin.

Minha outra sobrinha, Silvia, criou Fëdor, um gato amarelo enorme que sumiu por dois anos e, incrivelmente, foi encontrado e levado de volta para casa.

Nós quatro e minha filha Emilia – que tem um pouco de ciúme de Barack Obama – temos um grupo da família em que só falamos dos nossos gatos. Mandamos fotos do que eles estão fazendo, do que achamos que eles dizem, lembramos os que já se foram e fofocamos sobre os atuais sem que eles saibam.

Que eles são nossos donos, eu já tinha deduzido ao ser criada ao lado de Gatão, mas ainda não havia entendido essa noção com tanta clareza e de modo tão definitivo até ler o livro de Barbara.

Assim como James Hillman escreve em *O código do ser* que as almas dos recém-nascidos escolhem os pais – que estragam a vida deles, exatamente como deve ser para que se tornem quem são –, ao ler *Como domesticar seu humano* entendi que nossos gatos também nos escolhem e, principalmente, nos domesticam.

Neste livro ilustrado com os desenhos maravilhosos de Andrea Ferolla, Barbara – com sua genialidade digna de um felino – revela os truques que os gatos usam para nos conquistar.

Mas como ela conseguiu descobrir esses segredos?

Ouvi dizer que ela vive há muitos anos com dois gatões, Príncipe Leopoldino e Capitão Tornado, mas que começou a estudar a linguagem secreta dos felinos quando morava com um gato chamado Pimlico. Antes disso, morou com Bobo, um rajado de focinho redondo que dormia ao lado dela debaixo das cobertas, com a cabeça no travesseiro.

No entanto, esta história tem um toque peculiar. Ninguém pode entender tão bem um gato se não for um pouco felino, e há quem diga que Barbara é, na verdade, uma gata de olhos azuis e pelagem branca. Uma pessoa cuja identidade não posso revelar me garantiu que ela é um gnomo mágico que mora em algum bosque da Ligúria, e outra jura que ela é um garotinho de 8 anos.

Oficialmente, Barbara é uma artista de Milão que mora em Roma, mas na minha humilde opinião isso é só fachada.

Como sei que os gatos são reservados e têm seus

segredos, acabei desistindo desses questionamentos. Aposto que nunca desvendaremos esse mistério.

Eu me contento com o privilégio de ter lido em primeira mão este livro excepcional, que escapou da censura felina sabe-se lá como.

INTRODUÇÃO

Vivemos em um planeta infestado de humanos e modificado à sua imagem e semelhança.

Sobreviver não é fácil. O mundo é complicado lá fora.

Mas quando as coisas ficam difíceis, é preciso ser corajoso. Nunca houve tantos humanos, nem tantos gatos.

É evidente que sabemos lidar com essas criaturas que, em geral, são guiadas pela mais inexplicável inocência.

Na realidade, é bem fácil adestrá-las. E, se os considerarmos individualmente, alguns humanos até que não são tão ruins.

Com este manual, desejamos fornecer algumas dicas para você escolher, domesticar e educar seu humano.

1

Os humanos

ASPECTOS GERAIS DA ESPÉCIE

Os seres humanos pertencem à família dos grandes símios. Pobres macacos, a culpa não é deles.

Como muitos primatas, são criaturas dinâmicas, barulhentas e dotadas de patas preênseis. Nessa espécie, as patas posteriores são em parte atrofiadas por causa da posição bípede que eles teimam em manter.

São animais grandes, de estrutura oblonga, sem cauda e geralmente mais desajeitados do que os outros primatas. Têm uma juba, mais desenvolvida nas fêmeas, mas de resto não têm pelagem, exceto em algumas áreas específicas do corpo.

O focinho é achatado, mas não é feio, e a única característica que lembra vagamente um felino são os olhos na frente da face, não dos lados. Têm um nariz grande praticamente inútil e orelhas que não se mexem. O macho da espécie tem pelos nas narinas, mas parece não saber utilizá-los.

A parte do corpo deles mais bem-feita tecnicamente são as patas dianteiras, ou mãos, dotadas de dedos compridos com garras pouco afiadas que se movem com agilidade excepcional. Elas são impressionantes e parecem quase animais dotados de vida própria. São instrumentos que reúnem força e precisão, e, uma vez que seu exemplar humano tenha sido adestrado, você vai compreender as inúmeras vantagens que um par de mãos a seu serviço pode proporcionar.

A característica mais aparente desses bípedes é o corpo coberto por *coisas* que aderem a ele como uma segunda pele e, às vezes – e isto vai deixar você horrorizado –, são feitas justamente da pele de outros seres.

Eles colocam coisas na cabeça, na frente dos olhos, penduradas no corpo. Em certas ocasiões, algumas fêmeas metem as patas traseiras em objetos que dificultam até os mais curtos deslocamentos e, quando saem da toca, carregam tantas quinquilharias que precisam usar recipientes específicos, chamados de bolsas.

Como você pode imaginar, os humanos são tão desajeitados que não conseguem tirar proveito de todos esses penduricalhos que os embrulham e os deixam pesados.

Vamos chamar essa obsessão pelas coisas de *coisite*.

A *coisite* tem um espaço enorme na vida dessas criaturas, e voltaremos a esse assunto posteriormente.

Embora a aparência deles nos cause bastante estranheza, os humanos não devem ser subestimados. Podem ser incrivelmente inteligentes, e não temos vergonha de admitir que muitas de suas habilidades ainda são um mistério. Eles são capazes de modificar o território e criar fenômenos inexplicáveis como fogo, luz, atum enlatado e outras maravilhas.

Os HUMANOS SE COMUNICAM com o corpo, assim como todos os animais, mas, como os pássaros, também se comunicam verbalmente, de modo obsessivo e constante.

Foi observado que os dois níveis de comunicação – corporal e vocal – podem até representar intenções completamente opostas.

Por exemplo, eles podem se cumprimentar com palavras calorosas e afetuosas, ainda que o corpo expresse aborrecimento e hostilidade. Do mesmo modo, podem bajular você prometendo comida, quando seu verdadeiro objetivo é capturá-lo e trancá-lo na caixa de transporte*.

É preciso ter sempre em mente essa hipocrisia, tão característica da espécie. Como ela não faz parte da natureza dos felinos, você correrá o risco de ser pego de surpresa a todo momento como se fosse a primeira vez.

Os HUMANOS SÃO ANIMAIS sociais e na maioria das vezes vivem em grupos familiares.

Quando os filhotes alcançam a maioridade sexual, às vezes deixam o núcleo de origem e podem se reunir em pequenos bandos que compartilham a mesma toca.

---

* Prisão móvel para deportação.

Com o passar dos anos, eles tendem a buscar uma companhia da mesma espécie e a formar uma família, mas nem sempre isso acontece. Também existem indivíduos solitários, e esses costumam ser os mais suscetíveis à domesticação.

Alguns exemplares passam a maior parte da vida nas tocas, que são grandes, confortáveis e muito desejáveis.

Outros passam quase o tempo todo fora arranjando comida e voltam ao cair da noite. Em sua maioria, são caçadores diurnos.

TAMBÉM SÃO CRIATURAS INQUIETAS, que, quando estão na toca, não param de fazer atividades, que consistem em manejar e olhar coisas. Podemos afirmar sem sombra de dúvida que a visão e o tato são os sentidos mais importantes para esses mamíferos, e há quem afirme que esse é um dos motivos do nosso sucesso entre eles.

DE ACORDO COM ALGUMAS TEORIAS, utensílios e ferramentas serviam originalmente para facilitar a vida dos humanos. Há tradições orais que remontam aos tempos em que esses primatas moravam nas cavernas, e o punhal de pedra e a lança eram seus fiéis aliados, uma vez que podiam salvar sua vida. Hoje os papéis se inverteram: as pessoas estão a serviço dos objetos, dedicando-se a centenas e às vezes milhares deles.

NESTE LIVRO, NÃO QUEREMOS correr o risco de entediar você com muitas noções técnicas.

Vamos dar apenas um exemplo: alimentar-se.

Até mesmo uma ação teoricamente simples se torna o triunfo da *coisite*.

Em geral, a comida chega à toca já *coisada*, ou seja, irreconhecível: cortada em pedaços e vedada dentro de recipientes que exigem operações complexas para serem abertos, principalmente para quem não é dotado de polegares opositores.

Uma vez capturado, cada pedaço de alimento é manuseado, alterado, cortado novamente, engordurado, aquecido, temperado. Resumindo: estragado. Esse processo implica uma série de operações, o uso de um tempo considerável e de muitíssimas coisas de formatos e tamanhos diferentes, algumas barulhentas e perigosas.

Depois que estraga devidamente a comida, o humano põe a mesa* com diversas outras coisas** e então leva o alimento para lá e o põe na boca com uma lentidão irritante, usando muitos outros objetos, derivados da famosa faca de pedra lascada das civilizações antigas.

Essa operação é constantemente interrompida por comunicações vocais, alguns goles e inúmeras distrações.

Depois de se alimentar, o humano dedica muito tempo a recolher todos os objetos utilizados, molhar, esfregar e enxugar cada um deles, seguindo um ritual demorado e complexo.

---

* Pequena réplica do chão, só que mais elevada.

** Espécie de encenação ritual, palco para a comida.

Por sinal, existem também inúmeros objetos criados apenas para cuidar de outros objetos, como é o caso da máquina de lavar louça*, chamada à ação o tempo todo.

Na prática, devido à *coisite*, uma operação que levaria apenas alguns minutos, como alimentar-se, pode exigir até algumas horas.

Dedicando-se às suas coisas, mudando-as de lugar, lavando-as, olhando-as, falando dentro delas: é assim que os humanos passam a maior parte da vida. Talvez, por ela ser muito longa, eles não saibam bem o que fazer. Quem sabe o sentido da *coisite* seja justamente esse.

É impossível negar que a espécie humana é a mais nociva e perigosa para o planeta. Não apenas devido à quantidade exorbitante de indivíduos, mas também porque eles tornam praticamente qualquer lugar inabitável para as outras espécies. Por isso, é uma conquista e tanto obtermos um espaço de sobrevivência, que em geral fica dentro das tocas. Só assim continuaremos existindo em um mundo dominado pelos humanos.

Alguns defendem que, por mais que possamos querer o bem deles e até mesmo nos afeiçoar a um ou

---

* Objeto que engole coisas e as cospe após tê-las maltratado ruidosamente e eliminado seus resíduos de comida.

outro representante da espécie, devemos lembrar que os humanos não deixam de ser animais selvagens e, portanto, são imprevisíveis e potencialmente perigosos.

Porém, se bem adestrado, o humano certo pode ser um companheiro carinhoso e fiel, merecedor da nossa confiança, desde que não ande perto demais das nossas patas.

ASPECTOS HISTÓRICOS

Os gatos dominavam o planeta havia tempo quando os primeiros humanos apareceram.

No início tratados com desprezo, eles eram apenas pequenos bandos de primatas nômades que atravessavam esporadicamente os territórios dos nossos antepassados, desenterravam raízes, colhiam vegetais, roubavam algumas de nossas pequenas presas e, assim como chegavam, iam embora.

Em seguida, aprenderam a se organizar em grupos mais numerosos, tornaram-se caçadores mais habilidosos e começaram a ocupar algumas tocas com mais ou menos estabilidade.

Quando se tornaram sedentários e passaram a acumular reservas alimentares substanciais, seu interesse em relação a nós cresceu de forma perceptível.

Não temos como saber quem teve a genial ideia da domesticação, mas é quase certo que, uma vez estabelecido o contato visual, não deve ter sido muito difícil subjugar o primeiro símio. As técnicas de domesticação provavelmente são as mesmas desde os primórdios e, se mudaram, foi pouco.

A hipótese mais plausível é que o primeiro humano domesticado tenha sido uma fêmea. De fato, as fêmeas da espécie são mais inteligentes e aprendem mais rápido. É interessante notar também que um recém-nascido humano tem mais ou menos o tamanho de um gato. Talvez seja por isso que as fêmeas demonstram tanto apego aos próprios filhotes: porque eles lembram gatos.

A devoção dessa espécie à nossa chegou ao ponto de sermos considerados divindades, um conceito de difícil compreensão para nós, felinos. Imaginem uma mãe gata onipotente e eterna e talvez tenham uma ideia aproximada do que seja uma divindade, em sua melhor acepção.

Parece que no Egito Antigo, na Mesopotâmia, na Índia e também no Mediterrâneo, as primeiras sociedades humanas eram matriarcais, adoravam a Deusa Mãe e nos veneravam como animais divinos.

Os gatos siameses também foram considerados sagrados na Tailândia, assim como os espécimes da raça Sagrado da Birmânia.

O caso mais famoso é a história da deusa Bastet, no Egito, a personificação da Deusa Mãe em seu aspecto mais doce e maternal, sendo representada com cabeça de gato e corpo humano.

Naquela época também estava na moda a mumificação, uma prática horripilante que tinha como finalidade conservar os cadáveres de personalidades importantes ou consideradas divinas. Quando o gato da família morria, costumava-se matar também o humano mais próximo a ele, mumificá-lo e enterrá-lo junto ao felino, para que pudesse servir a seu deus mesmo no além.

Na cultura humana não resta memória desse costume, e os tolinhos acreditam que o mecanismo era inverso, que na verdade matavam o gato para fazer companhia ao finado humano. Não sei se eles perceberam, mas a deusa Bastet tinha cabeça de gato, e não de mulher.

Essa busca incessante dos humanos por uma divindade também teve seu lado negativo, principalmente durante um período chamado Idade Média.

Fêmeas humanas e gatos, em especial os da cor preta, foram alvo do ódio de machos humanos, que instauraram uma caça a eles, torturando-os, queimando-os vivos e massacrando-os das formas mais diversas. Acredite se quiser, tais machos chamavam essas práticas odiosas de "Santa Inquisição".

Mas essas crueldades não passaram impunes, pois, depois que eles exterminaram milhões de gatos, chegaram os ratos trazendo a Peste Bubônica, que dizimou 20 milhões de primatas.

Ao longo do tempo, a relação entre felinos e humanos passou por altos e baixos, com o auge no Egito Antigo e o fundo do poço na Idade Média, na província de Vicenza, onde ainda hoje, ao que parece, alguns grupos de humanos se alimentam de carne felina.

De todo modo, trata-se de uma longa relação de camaradagem e de uma história com muito futuro.

ADESTRAMENTO E DOMESTICAÇÃO

Existem diversos níveis de adestramento.

O nível-base, primordial, consiste em recebermos regularmente o alimento em lugares estabelecidos. Essa prática não exige grande competência, mas também não oferece garantia de continuidade nem, sobretudo, de qualidade.

O nível que consideramos mais avançado – o que mais nos interessa e ao qual nos referimos neste manual – consiste em adestrar perfeitamente um, ou melhor, *mais de um* humano, tomando posse de seu território e nos tornando seu monarca absoluto, de modo a sermos sempre servidos por eles.

O FÚLGIDO EXEMPLO DA NOBREZA à qual aspiramos é o de Príncipe Leopoldino, um gato de extraordinária beleza e inteligência que, apenas com o olhar, consegue que um de seus humanos se disponha imediatamente a abrir uma porta, um pacote de petiscos ou uma fonte de água corrente, de acordo com o capricho do momento.

É esse o espírito que gostaríamos de transmitir.

ESCOLHENDO UM HUMANO

Se você nascer em uma toca humana, terá que dividi-la com espécimes já semiadestrados pelos seus antecessores. A estratégia mais simples é escolher o indivíduo mais permissivo como distribuidor de comida e o indivíduo de quem você mais gosta como distribuidor de amor. Se os dois coincidirem, melhor ainda.

No entanto, se você nasceu livre e decidiu que chegou o momento de "ter um humano", nosso conselho é avaliar com cuidado todas as opções antes de fazer a escolha.

Use todos os sentidos e seu espírito de observação para analisar os possíveis candidatos e compreender bem as condições de vida deles.

Esses indivíduos devem ser levados em consideração apenas se corresponderem à maior parte das características a seguir, se não a todas.

O HUMANO IDEAL tem um território valioso.

Isso significa um habitat extenso que tenha acesso ao mundo exterior. Se for na cidade*, você pode ir aos telhados ou a um grande jardim ou varanda. Se for no campo, na praia ou na montanha, possivelmente terá fácil acesso ao mundo exterior.

O CANDIDATO PERFEITO É um habilidoso caçador e leva à toca ótimas presas. Sua posição social é sólida, seu território é amplo e repleto de delícias e caminhas.

ELE NÃO PERTENCE a outros gatos. No máximo pode pertencer à sua família há gerações.

ALÉM DISSO, ELE NÃO vive sozinho. Por mais carinhoso que seja, um humano solitário não pode competir com a eficiência de uma equipe. E se ele ficar doente? Por isso, um casal quase sempre é a melhor escolha.

O HUMANO IDEAL não tem filhotes para poder se dedicar inteiramente às suas exigências.

É, PREFERENCIALMENTE, UMA FÊMEA. Elas aprendem com rapidez e são alimentadoras mais confiáveis. Mas um macho, desde que seja sensível e inteligente, também pode servir.

---

* Aglomerado sólido de tocas humanas. Consultar o capítulo 3, "O habitat".

HÁ OUTRAS CARACTERÍSTICAS RELEVANTES, relacionadas em maior parte à educação, sobre as quais você terá mais influência.

Um exemplo definitivo: o humano ideal idolatra e respeita você sem precisar agarrá-lo ou se aproveitar da força bruta e do tamanho gigantesco para dominá-lo.

2

Como seduzir um humano

A PAQUERA

Quando identificar o candidato ideal, passe para a fase da conquista.

É importante levar em consideração que os humanos são seriamente prejudicados do ponto de vista sensorial. Usar qualquer artifício relacionado a olfato, secreções e afins é completamente inútil. Na verdade, pode ser até contraproducente. O sexto sentido e as percepções que eles chamam de "extrassensoriais" não servem para nada. Esses indivíduos podem passar por campos energéticos, meridianos cósmicos e fantasmas sem se dar conta. Você deve priorizar, então, os seguintes sentidos: visão, tato e audição, nessa ordem (embora esse último sentido também seja parcamente desenvolvido).

PORTANTO, O PRIMEIRO IMPACTO será visual: você vai se mostrar ao humano e dar a entender que o viu.

SE TIVER FEITO A ESCOLHA CERTA, o simples fato de dar o mínimo de atenção a ele fará com que fique empolgado.

O OLHAR

O olhar é o primeiro passo e a unidade de medida da sedução.

- Capture o olhar do humano.
- Semicerre os olhos.
- Olhe para outro lugar e finja ter perdido o interesse.
- Lamba-se distraidamente.
- Olhe o humano de novo.
- Semicerre novamente os olhos.
- Desvie o olhar.
- Alongue-se languidamente.
- Boceje.
- Olhe o humano nos olhos.

E assim sucessivamente.

Lembre-se de não encará-lo por muito tempo. Essas criaturas não conseguem sustentar nosso olhar por mais do que alguns segundos. No entanto, faça isso com frequência, de soslaio, por cima do ombro. Quando quiser

passar para um nível mais avançado, você deve observá-lo com a cabeça inclinada.

Como saber se o olhar deu certo?

Antes de mais nada, se o primata retribuir. O focinho dele vai se enrugar em uma risadinha que, na linguagem humana, indica prazer, e então ele mostrará os dentes. Talvez se agache. Provavelmente emitirá sons na sua direção.

O ROM-ROM

Uma técnica efetiva no corpo a corpo é ronronar. Por algum motivo, talvez ligado à frequência sonora, os humanos vão à loucura. Quando você ronrona, eles ficam felizes e orgulhosos. Saber que estamos contentes na companhia deles aumenta sua satisfação e muitas vezes fortalece um sentimento humano bastante frágil chamado autoestima.

O ronronar deve ser usado em abundância e com magnificência, e será a base sonora das outras técnicas de sedução.

OS CHAMADOS VOCAIS

Miados breves são um apelo poderoso para o primata predisposto.

Quanto mais agudos e infantis forem os sons que você conseguir emitir, parecendo pequeno e indefeso, melhor.

Os miados devem ser delicados, hesitantes. Chamados amorosos, emitidos com tom de súplica. Tente também incorporar uns rom-rons ao miado, criando um som tipo "rrrrmiau".

Use os chamados vocais com moderação. Saboreie aos poucos. Eles servem para que você seja notado, mas, uma vez capturada a atenção do alvo, passe à linguagem não verbal: olhares, charminhos e exibições.

Essas técnicas de miado utilizadas na fase da sedução são bem diferentes dos sons mais intensos, poderosos e obsessivos que você usará em seguida, quando quiser abalar as estruturas entorpecidas dos primatas para impor sua vontade ferrenha.

AS DENGUICES

Depois de exibir o repertório sedutor *à distância*, é o momento de se aproximar e passar às denguices propriamente ditas.

As denguices implicam contato físico e, em sua forma clássica, consistem em se esfregar nas pernas dos humanos, ficar um tempo ronronando com o corpo encostado no deles e fazer uma última carícia com a cauda antes de se afastar. Depois você deve se virar de imediato, voltar e repetir a operação do outro lado. Tudo isso, naturalmente, pode ser acompanhado de olhares, mais rom-rons e pequenos miados.

A operação deve ser repetida um número indeterminado de vezes. O objetivo é que o indivíduo amoleça, incline-se para fazer carinho e comece a emitir chamados vocais que, em sua manifestação mais grandiosa, são conhecidos como "a vozinha", um fenômeno que vamos aprofundar em breve.

O NÍVEL SEGUINTE DE CHARMINHO exige que você chegue à altura do focinho do primata, subindo em um apoio adequado, e repita a manobra já descrita. Só que, em vez de se enroscar nas pernas dele, você deve se esfregar em seu corpo, em seus braços e em seu focinho.

É assim que vocês vão ficar pela primeira vez focinho com focinho: um momento de confiança recíproca, crucial para o processo de domesticação.

Se você for especialmente habilidoso, o próprio humano vai se agachar e se aproximar, procedendo ele mesmo à denguice focinho com focinho. Mas isso também depende do humano, naturalmente. Pode demorar anos ou pode acontecer já na primeira vez. Se estivermos falando de um exemplar idoso, ou impossibilitado de se abaixar por outras limitações físicas, você deverá ter o cuidado de encontrar uma solução para alcançar seu focinho. Se o humano estiver sentado, subir no colo dele suprirá essa necessidade.

AS EXIBIÇÕES

Agora que você acendeu o fogo do amor em seu humano, mantenha a chama viva.

Para isso, exiba sua beleza diante dele.

CAMINHE: MOSTRE A ELE como se caminha.

Sente-se: mostre a ele como se senta.

Boceje: mostre a ele como se boceja, exibindo todas as suas pequenas e tímidas presas, a língua corrugada e a parede superior do palato, de estrutura intrigante.

Alongue-se: mostre a ele como se espichar da ponta das patas até a ponta da cauda. Passe pelo humano desfilando quando ele estiver sentado à mesa olhando ou manuseando objetos. Deite-se com graciosidade onde ele veja você. Enrole-se como uma rosquinha. Estique-se como um leão-marinho ao sol. Acocore-se com as patas unidas, como uma esfinge. Mostre-se de frente e de perfil. Exiba-se com a cauda em forma de ponto de interrogação, deite-se no chão de lado e curve-se como um parêntese.

E, então, quando quiser aplicar o golpe de misericórdia, é hora de rolar: deite-se com a barriga para cima, retraia as patas da frente, dobrando-as como se você fosse um coelhinho, e afaste as de trás, exibindo a barriga em toda a sua abundância peluda. Role para a direita e para a esquerda, *encarando* o humano.

Se ele quiser acariciar sua barriga, resista ao eventual instinto de fugir e deixe que ele faça isso, continuando a se remexer de um lado para o outro.

Se ele tocar seu focinho, enfie a cabeça na palma do humano e ronrone com força.

Se o humano não tiver vindo com defeito, ao atingir esse estágio ele já pertencerá a você.

As olimpíadas da loucura

As olímpiadas da loucura se distinguem das exibições de beleza. São aqueles momentos em que você é capturado pela insanidade felina e se entrega a ela, correndo feito doido pela casa, escalando móveis ou cortinas, dando saltos assombrosos sem motivo aparente, agredindo objetos inanimados.

Essas proezas físicas em geral provocam no humano descargas de adrenalina que atiçam sua adoração por nós.

OS RITUAIS

Os rituais reforçam a relação. Use a criatividade para estabelecer hábitos cotidianos ou recorrentes para compartilhar com seu primata.

Pode ser uma soneca à tarde, um passeio noturno em volta de casa. Qualquer atividade regular e compartilhada já atende às necessidades. Quanto mais original, melhor.

O FAMOSO LUIGINO DA POPONAIA, um gato amarelo originário do lago de Como, no norte da Itália, venerado há gerações de humanos, todas as manhãs subia na mesa quando sua primata, a fêmea alfa da família, preparava-se para comer. Ele chamava a atenção da humana com uma das patas, que depois apoiava na pata da criatura, mantendo a posição chamada "de mãos dadas" durante toda a refeição.

A SEDUTORA E TEMÍVEL BICIA, uma gatinha cinzenta, corria todas as vezes que começava a vinheta de abertura de *Born Free*, uma série baseada em um filme britânico de 1966 que conta a história de uma leoa, Elsa, que adota um casal de humanos na África do Sul. Bicia permanecia indiferente a qualquer outro programa de televisão, mas nunca perdia um episódio dessa série, que assistia de seu lugar de honra no braço do sofá junto com o resto da família.

Esses rituais garantirão a você um lugar imortal no coração dos humanos e serão lembrados, narrados e, em alguns casos, transmitidos às gerações futuras.

A INTIMIDADE

Quando o humano estiver entregue, você pode fazer o que quiser: pular em cima dele, pisar nele, caminhar sobre seu corpo. Ele vai adorar. Mantenha contato físico regularmente.

Encontre um abrigo confortável entre o corpo dele e o sofá onde ele estiver acomodado, e se enrosque bem ali. Se ele estiver sentado sobre a perna dobrada, posicione uma parte do corpo em cima do pé dele e a outra parte em cima da coxa.

Finja dormir, obrigando-o a ficar nessa posição incômoda e dolorosa por horas.

Se a posição do primata permitir, aninhe-se em seu peito, para que ele tenha dificuldade de respirar.

O colo é outra área a ser frequentada com assiduidade.

Quando estiver acomodado, você pode começar a operação de amassar pãozinho, pressionando as patas ritmicamente e usando as garras, que deve fincar com delicadeza no casaco, na camiseta* ou diretamente no

* Manifestações da *coisite*: camadas de coisas que envolvem o corpo do humano, obtidas de plantas ou de pelos roubados de outros animais.

corpo do humano. É importante ronronar ao fazer isso e, se necessário, executar alguns rolamentos quando o humano olhar, demonstrando um estado de profunda satisfação.

OS SUMIÇOS

Às vezes é interessante desaparecer, fazendo uso da antiga magia felina que nos permite nos dissolver no ar por períodos que variam de poucos minutos a muitas horas. Não vamos entrar em detalhes sobre a técnica de sumiço. Todos os gatos a conhecem desde que se entendem por felinos e este não é o espaço ideal para alardeá-las.

Sugerimos simplesmente que você faça uso delas de vez em quando.

Fique invisível e resista à tentação de manifestar sua presença mesmo quando as buscas e os chamados do humano se tornarem cada vez mais desesperados e melancólicos.

Um pouco de melodrama é extremamente útil para nutrir a paixão do primata.

O fenômeno da vozinha

Um sinal do sucesso da sua campanha de sedução é "a vozinha".

Trata-se de sons infantis manifestados pelo primata, bastante desagradáveis, agudos e persistentes. Em geral, os adultos os exprimem diante dos filhotes da própria ou de outras espécies. Em suma, o humano emite esses sons quando está dominado pelo amor. A vozinha normalmente é acompanhada de frases insensatas que costumam ser recheadas de palavras inexistentes, como "E de quem é esse piticotico?" e "E de quem são esses pezicos?".

Em casos extremos, a vozinha diz frases distorcidas, como "E de quem xão exes pexicos?" e outras atrocidades constrangedoras demais para serem citadas.

A vozinha em geral anuncia ou acompanha o triunfo de sua obra de sedução.

Mas, naturalmente, não podemos generalizar: há humanos que usam a vozinha com muita facilidade, com qualquer filhote e às vezes também com objetos ou vegetais, ao passo que há outros que nunca a usam, mas que, mesmo assim, demonstram um profundo, fiel e infinito amor por você.

3

O habitat

O TERRITÓRIO DO HUMANO

Os humanos são animais sociais e se reúnem em comunidades numerosas. Vivem em colônias – vilarejos, cidades, prédios – e costumam se deslocar em massa para migrações periódicas, sobretudo nas épocas quentes.

O humano médio vive em uma toca que varia bastante em termos de tamanho e conforto. Há também casos extremos: indivíduos que moram em trailers, casas na árvore, iglus. Mas nos interessa principalmente o potencial habitante de um castelo, uma mansão ou, pelo menos, uma cobertura.

Embora sua aparência e seu tamanho variem muito, a toca é infestada de coisas, como vocês já devem ter percebido. Objetos de todas as naturezas e dimensões, que na maioria das vezes não são utilizados, mas que, de todo modo, ocupam espaço. Essas centenas ou milhares de coisas são guardadas em móveis, objetos maiores. O espaço que sobra para nos locomovermos na toca, portanto, é muito reduzido por causa da *coisite*.

Em relação às necessidades fundamentais, o habitat humano oferece o máximo de conforto. Existem várias fontes de água, mas o primata as comanda a seu bel-prazer.

Há ainda diversos esconderijos onde o humano guarda comida.

Existem muitas fontes de calor durante o inverno e lufadas frescas durante o verão.

Nas paredes escondem-se riachos e outras cavidades onde escorrem água, gás e até os excrementos do humano, que são sugados por forças misteriosas.

Em um território humano você sempre vai encontrar o que beber, comer, onde descansar e espaços onde enterrar suas necessidades.

Em algumas tocas existem também equipamentos de ginástica onde afiar as unhas. Os móveis também podem ter essa finalidade, embora isso aborreça bastante os primatas, que podem até mesmo se voltar contra você.

Como os humanos têm essa mania de ser bípedes, quase tudo ao redor deles fica a uma altura que varia entre seus genitais e seu crânio. O que está compreendido nessa região é o reino deles, com exceção da cama, em geral mais baixa, onde se deitam à noite. O resultado é que todo espaço abaixo da altura dos joelhos e acima da cabeça é parcamente utilizado.

O chão, com seus revestimentos de ladrilho, madeira e sobretudo tapetes, está à nossa disposição e oferece infinitas reproduções em escala do apartamento humano, com subtocas e possíveis esconderijos sob as peças de decoração.

Graças aos móveis maiores, é possível circular em uma altitude superior àquela da vida doméstica do humano. Subir em estantes, armários, mas também em cortinas e lustres para os mais aventureiros, permite unir um pouco de exercício físico à diversão de descobrir novos lugares e possibilita observar as atividades na toca de um ponto de vista privilegiado.

A parte interna dos móveis – armários e gavetas deixados abertos ou que você vai aprender a abrir – pode reservar agradáveis surpresas: caminhas isoladas, estoques de comida e esconderijos preciosos.

CAMINHAS

As caminhas improvisadas são uma das maravilhas indiscutíveis do mundo dos humanos, que são mestres em criá-las, e merecem uma seção à parte.

Almofadas, cestas, cadeiras, sofás: a toca do primata é um paraíso terrestre de conforto.

O apogeu do aconchego é formado pela cama de casal, um grande espaço estofado, equipado com camadas macias onde os humanos se enfiam para dormir. Sempre que ela é arrumada pela manhã, você pode dar sua contribuição pulando sem parar entre as camadas.

Além disso, a cama de casal oferece inúmeras outras oportunidades de diversão. Nela você pode:

- Dormir e ficar de preguiça.
- Fazer exercícios físicos e caçar os calombos que se mexem debaixo da superfície, principalmente se estiverem na altura das patas traseiras dos humanos.
- Se esconder de possíveis perigos ou aborrecimentos, seja debaixo das camadas macias, seja debaixo da própria cama, que por sua amplitude torna difícil para os primatas alcançarem você.

- Se você não estiver se sentindo bem, a cama é um ótimo lugar para vomitar. No caso em que ela não esteja ao alcance, você pode substituí-la por um sofá, uma poltrona ou, na pior das hipóteses, um tapete; basta evitar o chão descoberto e procurar com afinco um tecido. Se for caro, melhor ainda.
- Para dar à luz.*

A SEGUNDA OPÇÃO após a cama de casal é, evidentemente, o sofá.

No habitat ideal existem diversos cômodos ou, pelo menos, diversos sofás, para que mesmo que seu primata queira receber visitas – uma atividade que por alguma razão essas criaturas praticam com fervor –, você sempre tenha seu espaço garantido.

Em todo caso, o lugar mais confortável para dormir é sempre o que foi pré-aquecido pelo humano. Como eles são criaturas inquietas e não conseguem ficar parados por muito tempo, você deve ter o cuidado de estar sempre à esprcita c, assim que o primata se levantar, ocupar logo seu lugar. Quando ele voltar, finja dormir. Se ele

* Quando seus humanos lhe mostraram o lugar que arrumaram para seu parto iminente – um armário em uma despensa (pff!) –, a gata Tigresa simulou um tímido interesse só para ser educada; depois se acomodou confortavelmente no meio da cama dos donos, como manda a etiqueta felina, e ali deu à luz o lendário Bobo e suas irmãs.

tirar você, fique nos arredores e não desista, esperando que o humano se levante novamente.

De acordo com Príncipe Leopoldino, o humano corretamente domesticado pré-aquece um leito, levanta-se, afasta-se e, quando encontra seu lugar ocupado ao voltar, move-se delicadamente para não incomodar e arranja um novo local frio para si.

Também é possível que os humanos arrumem caminhas sob medida para você, mas em geral elas são menos confortáveis do que a cama deles. Pelo menos uma vez ou outra, no entanto, você pode usá-las, mesmo que seja só para eles entenderem que você gosta quando eles fazem coisas para você.

Outros leitos improvisados dignos de interesse são as pilhas de roupas de cama lavadas e passadas, sempre agradáveis e cheirosas, e os agasalhos e as bolsas das visitas, de preferência as alérgicas a gatos.

FRONTEIRAS

Assim como os felinos, os humanos também são extremamente territoriais. Só que, para nossa infelicidade, esses mamíferos não marcam seu território com urina ou outros traços olfativos. Então, compreender onde começa e onde termina o território de um humano é uma façanha quase impossível, principalmente quando eles saem da toca e se veem ao ar livre.

Portanto, pode ser que você assista a cenas aparentemente incompreensíveis: o primata se agita e emite sons altos na sua direção; exibe grandes quantidades de comida na tentativa de atraí-lo; tenta seguir você nos telhados arriscando a própria vida; um primata desconhecido e o seu primata brigam.

Talvez isso aconteça porque a varanda do seu humano, depois de certo ponto, torna-se propriedade do vizinho ou do prédio. No entanto, não é algo que deve ser motivo de grande preocupação. Em todo caso, é óbvio que você vai aonde achar melhor. Mesmo assim, é interessante saber disso.

Por outro lado, a obsessão pelos limites existe também dentro da toca, que normalmente é dividida em compartimentos. Entre um ambiente e outro em geral há uma *porta*, uma parede móvel que pode correr ou girar sobre um eixo e que é manuseada por um objeto saliente chamado *maçaneta*. Ela é feita sob medida para as mãos.

As portas podem nos atacar de repente e às vezes se mexem sem a participação humana, batendo com violência.

Seu comportamento em relação a elas deve ser agressivo.

Deixe claro desde o início que você exige que todas fiquem abertas.

Como regra, permaneça parado o máximo possível nas soleiras.

Se os humanos insistirem em fechar alguma delas, berre sem parar para entrar. Quando entrar, se eles fecharem a porta de novo, grite sem parar para sair. Repita essa operação sempre que for necessário. O objetivo é levar os primatas à exaustão, até eles deixarem as portas abertas ou instalarem nelas portas em miniatura para nosso uso exclusivo, pelas quais podemos passar sempre que nos der na telha.

Se os seus humanos forem especialmente desobedientes, você será obrigado a aprender a abrir as portas sozinho.

A técnica consiste em pular e atacar a maçaneta, pendurando-se nela com todo o seu peso. O impacto do salto deve ser suficiente para que ela se mova. Se estiverem em dupla, trabalhem em equipe: um pula na maçaneta, o outro empurra a porta.

Se a porta se abrir na sua direção, depois do salto faça um movimento decisivo com a anca, usando o máximo de força. Trata-se de uma técnica mais avançada e, se não der certo, você tem a opção de usar um humano.

A PORTA DE CASA é a mais especial, porque divide o território do primata do resto do mundo.

Independentemente do que houver além dessa porta – um jardim selvagem ou um lance de escadas do prédio –, cabe a você passar por ela e fugir na primeira oportunidade.

No caso do jardim, desfrute do tempo e volte apenas quando tiver se cansado dos incômodos do mundo natural.

Se do lado de fora houver apenas corredores e degraus, fuja do mesmo jeito, loucamente, como se sua vida dependesse disso. Dedique-se à tarefa com fervor, mesmo que em poucos segundos pare no corredor do andar de cima e desista de fugir.

Pode parecer um gesto insensato, mas não é.

Isso pode garantir que você ganhe comida.

Príncipe Leopoldino, por exemplo, adestrou seus primatas deste modo: assim que ele passa pela porta de casa e dispara escada acima, o primata da vez, transtornado pela fuga de seu queridinho, corre para pegar o pacote de petiscos e o sacode como se fosse uma maraca, na tentativa desesperada de chamar o companheiro felino. É só aí que Príncipe volta à sua propriedade, todo orgulhoso, para saborear o lanchinho.

Nem todos serão habilidosos como ele, e pode ser que essa técnica não leve ao oferecimento de comida.

De todo modo, ela estabelece que você seja valorizado. É importante assustar os humanos e fazer com que acreditem que podem perder você se não tornarem a convivência verdadeiramente irresistível.

Ao contrário das portas, as janelas, em sua maioria, são uma forma de contato com o mundo exterior. Por estarem em uma altitude mais elevada, exigem que você dê um salto para alcançá-las, e a chateação é que apenas ao aterrissar no parapeito você tem ideia do espaço disponível e do que existe para além da janela.

Então, antes de pular, é fundamental estudar a fundo o cenário. Não deixe que os pombos perversos distraiam você. Nunca perca o foco quando houver uma janela na história. Os humanos vivem em caixas muito altas, que podem chegar a altitudes vertiginosas, e esse talvez seja um dos poucos casos em que nos superestimam. Por conhecerem nossa habilidade de cair de pé, alguns deles não ligam muito para os perigos de beirais, grades e parapeitos.

É triste dizer isso, mas muitos de nós já foram vítimas das alturas.

Colonialismo

Se você domesticar seu humano a ponto de poder sair e voltar quando bem entender, considere a ideia de colonizar outros territórios limítrofes.

Voltando a Luigino, o amarelinho do lago de Como: por algum tempo, ele levou uma vida dupla perfeita, com identidades diferentes e porções dobradas de caminhas, comida e chamegos. Saía da toca da primeira família, descia um lance de escada e simplesmente entrava na toca da segunda família. Um arranjo muito confortável.

Um dia, enquanto estava absorto com as *coisites*, o primata nº 1 deixou cair uma meia do varal. Foi bater na porta dos vizinhos do andar de baixo para pegá-la de volta. Imaginem a surpresa quando viu Luigino acomodado em um trono preparado para ele, que dominava a sala de estar, com outras tigelas, outros adoradores e outro nome. E, sobretudo, imaginem a surpresa de Luigino ao ver o primata nº 1 aparecer inesperadamente – e sem ser convidado – no território nº 2.

4

Convivência e educação doméstica

A COMIDA

Os humanos são caçadores imprevisíveis. Às vezes saem da toca dia após dia e voltam de mãos vazias, às vezes saem por poucos minutos e voltam carregados de presas capturadas.

Seus métodos de caça permanecem um mistério. A única certeza que temos é que eles escondem grandes quantidades de alimento em suas tocas – e sempre nos mesmos lugares, o que é bem tolo da parte deles – e o utilizam em momentos preestabelecidos.

Um esconderijo em especial, sempre muito fresquinho, produz inúmeras maravilhas diferentes. Na verdade, os próprios humanos parecem não acreditar no que veem, porque continuam a abri-lo e fechá-lo sem parar. Essa fonte eterna de delícias se chama "geladeira", e quando o humano a abre convém ficar bem na frente dela.

Como eles comem em horários preestabelecidos, a tendência é tentarem fazer a mesma coisa com a gente. Não é simples educá-los a nos dar comida a qualquer hora, mas tenha fé: é uma missão possível.

Primeira fase

Antes de mais nada, identifique o lugar onde eles esconderam a sua comida: o objetivo é levá-los até lá e, para isso, você deve recorrer a todo o seu repertório de sedução, começando pelo olhar e em seguida apelando ao uso intensivo de charminhos.

Comece com as denguices em qualquer ponto da toca e, quando conseguir a atenção do primata, mova-se sutilmente, fazendo um charminho depois do outro, em direção ao local do alimento. Pare diante dele. Nesse momento, emita chamados verbais altos e, se necessário, *represente* o ato de comer, abrindo e fechando a boca em silêncio.

Alguns acreditam na possibilidade de comunicar o que você quer por telepatia. O segredo é sentar com as patas unidas o mais perto possível da fonte de comida, olhar o humano fixamente e transmitir mentalmente a ordem "Você vai me alimentar". Se estivermos falando de um indivíduo mais influenciável, pode dar certo.

Esse repertório é suficiente quando estiver lidando com um primata dócil e atencioso.

MAS VAMOS IMAGINAR que o humano não queira seguir você. Que esteja dominado pela *coisite*, completamente concentrado em manusear e olhar objetos ou falar com eles.

Nesse caso, serão necessárias algumas técnicas mais avançadas.

A SEGUIR HÁ UMA LISTA do que fazer. Se uma instrução não funcionar, passe para a próxima, mais radical, e assim por diante.

1. Caminhe na frente do humano, de preferência em cima dos objetos que ele está olhando ou manuseando, fazendo com que ele note sua urgência.
2. Se for um objeto dotado de teclado, caminhe sobre ele, apertando muitas teclas ao mesmo tempo em combinações letais.
3. Sente-se na frente do humano e berre o mais alto possível na cara dele.
4. Se ele tirar você de perto, continue a gritar altíssimo de onde estiver.
5. Se ele fechar uma porta entre vocês dois, tente derrubá-la e continue a berrar altíssimo. É desagradável, sabemos disso, mas às vezes a linguagem vocal parece ser a única que essa espécie consegue de fato compreender.
6. Se houver algum objeto que seja realmente importante para o primata (vidros, cristais, porcelanas, instrumentos de precisão fundamentais para suas atividades), pule bem em cima dele, certificando-se de que o humano perceba.
7. Se houver outros gatos ou outros animais na toca que você domina, como canídeos, por exemplo, é o momento de atormentá-los até eles reclamarem e fazerem barulho. Pode até ser uma encenação,

desde que verossímil: Príncipe Leopoldino e seu irmão, o famosíssimo Capitão Tornado, simulam brigas enfurecidas, com gritos angustiantes, para despertar o primata deles do torpor.

8. Como recurso extremo, no caso de não haver outros animais com quem encenar agressões, passe diretamente aos chamados físicos. Não somos a favor de usar violência contra os pobres humanos, mas às vezes é necessário, desde que pontualmente. Uma mordidinha, uma patadinha com meia garra devem ser suficientes para fazer com que o primata se mexa e se levante, reclamando, para finalmente cumprir seu dever.

Concluímos com um cenário muito comum: vamos imaginar que o humano esteja dormindo profundamente e você sinta uma fominha.

As técnicas são basicamente as mesmas já descritas, com algumas variações.

Na ordem:

1. Chame o humano gentilmente, miando perto de suas orelhas (são aquelas coisinhas atrofiadas de cada lado do crânio).
2. Sente-se em seu peito e mie alto e repetidas vezes, testando vários tons.
3. Derrube os objetos de um móvel perto da cama. Se houver um copo d'água, dê preferência a ele.

4. Suba em um móvel perto da cama e, dali, jogue-se na cama.
5. Suba em um móvel perto da cama e, dali, jogue-se no humano.
6. Bata em outro animal da família (de preferência na cama).
7. Bata no humano dormindo – primeiro de leve, depois cada vez mais forte –, indo da patadinha tímida no nariz até o bofetão com as garras para fora.
8. Quando o primata levantar cambaleando para cumprir seus deveres, corra fazendo festa entre as pernas dele e vocalize seu entusiasmo. É sempre importante que ele entenda que você valoriza seu esforço.

Quando eles comem

Em geral, os humanos comem ao redor de uma mesa, e a operação exige um uso consistente de *coisites*, então a mesa fica repleta de objetos. Acostume o primata a deixar um espaço para você. No início, pode ser de um lado, e eles acreditarão na ilusão de que dali não será possível alcançar a comida. Mas aos poucos você vai ganhando terreno até conquistar o centro da mesa, de onde poderá intimá-los a dar porções de comida que você indicará com olhares, miados e, em caso de necessidade, patadas ávidas.

Um mestre nessa especialidade é o Capitão Tornado:

um enorme gato preto, pesado como um cão de porte médio, que toma lugar à mesa assim que se aproxima a hora da refeição de seus humanos. No início, ele ficava de um lado; depois, aos poucos e imperceptivelmente, aproveitando-se da concentração dos primatas na própria comida, passou a se mover até chegar ao lado de um dos humanos, com a cabeça inclinada na direção do prato, na posição chamada por eles de "boi e burrinho".* Porém, Tornado continua a ostentar indiferença, como se não tivesse qualquer interesse no que se desenrola à sua frente e estivesse ali por acaso. Pouco depois, quando os primatas já se acostumaram com sua presença, ele ataca.

Ele tem duas técnicas diferentes: a primeira, alongar-se. Estica uma das patas lentamente na direção do prato, tentando assim se apropriar de um pedaço de queijo ou outro alimento que chame sua atenção. O movimento é natural, mas lento, e por isso a técnica costuma falhar. Nesse caso, Tornado lança mão do plano B: uma patada fulminante para surrupiar a comida.

Em geral, essa tentativa também não dá certo, mas, no fundo, o resultado é sempre positivo. Na pior das hipóteses, quando terminam de comer, os humanos dele, que são extraordinariamente bem-educados, lhe dão algumas porçõezinhas de comida de livre e espontânea vontade.

---

* Onde o Capitão Tornado mora, faz parte do mito da celebração do Natal a imagem de um boi e um burrinho deitados e observando uma manjedoura. O mito é encenado no presépio, um passatempo montado todo ano só para a sua diversão.

No processo de domesticação, você vai provar várias iguarias, dando uma chance até a vegetais como abóbora, abobrinha, vagem e brócolis. No caso de laticínios, carnes e peixes, você pode demonstrar sinais de entusiasmo, contanto que venham da mesa ou diretamente das mãos dos humanos.

Se o mesmo alimento for colocado na tigela, você perderá o interesse na mesma hora.

E, aqui, chegamos ao ponto central de todo o processo: o que explicamos até agora é apenas a primeira parte do adestramento.

Segunda fase

O pulo do gato é a etapa seguinte: recusar a comida com desprezo, e não apenas se o cardápio for repetitivo ou de baixa qualidade. De vez em quando, por princípio, olhe com nojo o alimento oferecido e afaste-se, ressentido.

Isso deixará os primatas confusos e desconfortáveis, e é provável que essa reação leve a uma considerável melhoria do menu.

Príncipe Leopoldino, por exemplo, despreza todos os sashimis, com exceção do atum e do peixe branco, pelos quais é apaixonado. Mas olha o salmão com apatia, enquanto camarões lhe causam aversão. Em alguns alimentos, ele se limita a dar umas lambidinhas. Já com outros, se afasta com um salto, assustado. E dá certo.

Apenas os melhores quitutes chegam à sua boca, e cada vez que seus humanos comem sushi pedem atum e peixe branco só para ele.

O nojo demonstrado por você será notado e, no fim, se transformará em um desafio para o humano. Ele ficará feliz e orgulhoso quando descobrir alguma iguaria de que você pareça gostar.

O DESCANSO

Os humanos são terrivelmente ativos e descansam muito pouco. Quando descansam, é sobretudo à noite. Coordenar seus ritmos naturais com os deles não vai ser uma tarefa simples.

De dia eles são tomados por uma agitação frenética e insensata. Estão sempre cansados, mas em vez de parar e repousar um pouquinho, seguindo o compasso da mãe natureza, eles tomam coragem, se estimulam bebendo líquidos energizantes e continuam fazendo coisas, até desabarem de vez à noite, depois de horas de atividades sem fim.

Se eles ficarem fora da toca durante o dia, você poderá tranquilamente passar de um cochilo a uma soneca, de uma dormidinha a um descanso necessário depois de se alimentar, com pequenas pausas para beliscar uns petiscos, caçar mosquitos na varanda ou no jardim e fazer sua higiene como se deve.

Quando os humanos estão na toca, pode ser mais complicado descansar em paz, porque muitas de suas atividades são barulhentas ou arriscadas. A mais detestável é a que consiste em mover um grande objeto es-

candaloso e sugante por todo o território, sem nenhum respeito pela paz dos moradores. Infelizmente, até hoje não foram encontradas soluções para impedir que nossos queridinhos se entreguem a esse passatempo.

Em todo caso, pode fazer sentido tentar, nos limites do possível, aproximar-se do ritmo dos humanos, porque, ainda que à noite você se sinta agitado e ávido por aventuras, na verdade é nesse momento que a toca se torna ideal para o repouso.

Faz parte do adestramento privilegiar o descanso utilizando seu exemplar humano como apoio, impedindo que ele faça qualquer movimento.

Isso pode ser feito com o primata sentado, porém é mais confortável quando ele está deitado naquele local que se tornará o seu preferido, o espaço que, em toda a sua magnitude, você dividirá com ele: a cama de casal.

Ocupe a área quando o humano se deitar ou, melhor ainda, um pouco antes. Um claro sinal das intenções dele é escovar as presas.

Escolha uma zona central e se acomode. É ele que deverá se adaptar a você, encontrando uma posição mais periférica. Nesse momento, você pode se ajeitar melhor, relegando o primata ou os primatas a espaços que não o incomodem muito. Qualquer cavidade do corpo do humano – há muitas delas, já que ele é comprido e cheio de arestas, como um grande bicho-pau – é perfeita para você se encaixar. Entre as pernas, atrás de um dos joelhos dobrados, em cima da barriga, entre o tornozelo e o pé, ou, se quiser, até na cabeça. O importante é se apoiar nele, que vai ficar em êxtase.

Se for possível, é considerado de bom-tom esperar as primeiras luzes do amanhecer para acordar os humanos e exigir o café da manhã.

A COMUNICAÇÃO

Os humanos são criaturas genuinamente melodiosas, como os pássaros, e emitem uma sucessão quase ininterrupta de sons.

Ao mesmo tempo, de modo sobretudo inconsciente, comunicam-se sem emitir ruídos.

Ao viver em contato íntimo com eles, você vai conseguir compreender suas intenções e distinguir algumas frases, palavras e expressões de sua linguagem engraçada.

Eles não devem perceber isso de jeito nenhum.

Isso lhe dará uma considerável vantagem sobre eles.

Antes de mais nada, será cômodo saber com antecedência quais são os planos deles e, quando possível, tomar as medidas necessárias.

Eles querem pregar uma peça em você, como aplicar venenos?*

---

* Periodicamente o humano aplicará em você pequenas quantidades de veneno, que ele vai chamar de remédio, antipulgas ou outros nomes inventados.

Planejam viajar por alguns dias e deixá-lo sob os insatisfatórios cuidados do humano do andar de baixo?

Além disso, para compreender a importância do silêncio cúmplice, basta observar a maioria dos cachorros: totalmente subjugados.

Se você demonstrar que entende a língua deles, os primatas podem passar a esperar que você se comporte e lhes obedeça, talvez se ressentindo se isso não acontecer.

Está comprovado que a comunicação verbal dessas criaturas varia dependendo dos espaços geográficos onde vivem, uma complicação ligada a um conceito que nos remete vagamente ao princípio das portas entre um ambiente e outro, ou seja, das fronteiras imaginárias estabelecidas por essa espécie.

Mas falar diversas línguas humanas é importante apenas se você circular por ambientes internacionais.

O Príncipe Leopoldino, por exemplo, fala três línguas: italiano, inglês e francês. Ele estudou sozinho a última e, de fato, não é fluente nela como nas outras.

Às vezes os humanos cantam e dançam. Quando emitem sons ritmados, ululam, trilam e gorjeiam revirando os olhos, diz-se que estão cantando. Quando se movem como se estivessem sendo perseguidos por um enxame de vespas, saltitam no mesmo lugar, vibram, se contorcem, lançam os membros em todas as direções e se agacham de repente, diz-se que estão dançando. Aos seus olhos, esses fenômenos vão parecer incompreensíveis e, principalmente, bem constrangedores.

São expressões de alegria e vitalidade, dizem. Desde que você se mantenha fora do raio de suas grandes patas enquanto dançam, os humanos não oferecerão perigo.

A INVASÃO DE PRIVACIDADE

Técnicas de invasão de privacidade são preciosas para reforçar a posição social de vocês dentro da casa e o domínio sobre o humano.

Além de dormir ou fingir dormir em cima do humano, aqui estão outras situações em que você pode manifestar sua discreta mas inevitável presença felina.

No banheiro

Entre sempre que puder para supervisionar o que o humano está fazendo. Finja indiferença, mas tente estar sempre presente, pelo menos para uma checagem rápida.

Quando o humano se encontrar em condições vulneráveis – saindo do banho ou sentado no vaso sanitário –, tome o cuidado de escancarar a porta do banheiro.

Se a caixa de areia estiver por perto, procure coordenar sua *defecatio* com a presença do humano no cômodo, de modo que ele possa apreciar plenamente o azedume do produto. Melhor ainda se você puder realizar a obra enquanto o primata estiver impossibilitado de fugir.

Durante o acasalamento

Se não for muito perigoso, posicione-se justamente onde o ato se sucederá. Na maioria dos casos, ele é realizado na cama de casal, na qual você ocupará uma área periférica.

Os humanos complicam demais essa simples prática e, no geral, antes de chegar ao coito propriamente dito, se perdem em uma série de atividades incompreensíveis. Ficam mudando de posição numa agitação absurda, dando a impressão de que não sabem exatamente o que procurar. Por mais fascinante e engraçado que o processo possa parecer, não demonstre qualquer interesse. Você pode tirar uma soneca ou dar uma olhadinha discreta de vez em quando, embora durante alguns momentos possa se aproximar para analisar melhor, ainda que mantendo uma abordagem clínica e distanciada.

O supremo domesticador deve ser capaz de estar em uma cama onde acontece uma cópula humana e confinar o casal a uma margem reduzida do leito.

É desnecessário dizer que invasões equivalentes do humano à *sua* privacidade serão malvistas e intoleráveis.

PRÊMIOS E REGALIAS

Premie o humano quando ele fizer algo para você. Dessa forma, ele vai aprender a associar os esforços para agradar você e eventualmente os outros felinos da casa com alguma coisa prazerosa: um charminho, um contato focinho-focinho com rom-rons, uma discreta barriguinha para cima.

Ele sempre estará pronto para repetir uma ação que lhe trará uma recompensa.

Falando em prêmios, prepare-se para uma notícia desconcertante: esses mamíferos não gostam que você lhes leve presas, o presente mais bem-vindo que um felino pode dar e receber.

Uma grande barata fresca e ainda crocante ou um passarinho decapitado criará no mínimo um incômodo, e, em casos extremos, histeria.

De todo modo, você pode levá-los para casa, manifestando sonoramente sua satisfação, e quem sabe deixá-los na cama de casal para fazer uma surpresinha. O importante é que não se decepcione com a falta de reconhecimento.

O mais curioso é que esses primatas são onívoros, e a maior parte deles come outros animais, ainda que reduzidos a pequenos pedaços. Causa grande espanto, portanto, que manuseiem diariamente carcaças mortas há tempos, mas, quando os presenteamos com bichos mortos frescos – e, em alguns casos, vivos! –, reajam com tamanha insensatez.

Quando ainda era adolescente, o gato Ugo, famoso caçador, capturou e matou uma grande gralha-preta. Não foi uma tarefa fácil, e passar com a gralha pela aberturinha da porta para levá-la à toca se mostrou ainda mais complicado.

Quando seus humanos voltaram para a toca, encontraram um rastro de sangue na entrada. Eles o seguiram e chegaram à abertura da porta, onde ainda havia penas presas. Mais adiante, encontraram o cadáver da gralha, aos pés da poltrona onde Ugo, exausto e orgulhoso, esperava os parabéns. Sua bravura foi recompensada com gritos de horror, e o primata maior chegou a comentar: "Se agora que é filhote ele nos traz uma gralha, quando for adulto vamos encontrar rottweilers pendurados nos galhos das árvores."

Esse foi um dos casos em que, do jeito deles, os primatas reconheceram uma bela façanha. Não se pode esperar mais do que isso.

MIGRAÇÕES

Periodicamente, sobretudo com a chegada do verão, os humanos gostam de migrar.

Já falamos da importância de buscar um primata dotado de um território amplo e que tenha acesso à área externa.

Alguns humanos possuem diversos territórios, um na cidade e outros na natureza. Se você nasceu na cidade, nós temos a solução para esse problema: a busca por um primata que tenha propriedades onde seja possível curtir um fim de semana ensolarado ou relaxar nas férias.

Por mais entediante que seja o deslocamento de um território a outro, em geral vale a pena suportá-lo sem fazer muita birra, já que na casa de praia ou de campo há mais oportunidades de diversão. Jardins, cheiros desconhecidos, cursos d'água, arbustos, grama para comer e depois vomitar na toca, possíveis presas, outros gatos. A vida ao ar livre é sem dúvida menos maçante do que a vida no apartamento.

Com tanta sombra, água fresca e liberdade, a hora de voltar para a metrópole pode ser desoladora, mas com um pouco de atenção você vai captar os sinais de que os humanos estão se preparando para o retorno e desaparecer antes de isso acontecer.

As migrações podem implicar deslocamentos de poucos dias ou longos períodos.

Antes da migração, o humano sempre dá sinais específicos. Um dos mais evidentes é a explosão de *coisites*.

Um grande número de objetos é retirado dos móveis, mudado de lugar, amontoado em outros locais e em geral muito analisados. Recipientes especiais com rodinhas são recuperados de armários e quartinhos da bagunça e preenchidos com coisas que o humano considera necessárias para sua sobrevivência, ainda que só vá ficar 12 horas longe de seu habitat.

Percebe-se certa agitação no ar, a atividade fica ainda mais frenética que de costume. Caso a toca abrigue diversos indivíduos, as chances de eles se engalfinharem são altas.

Quando todos os objetos retirados dos móveis saírem do caminho e forem guardados nos recipientes com rodinhas, chegou o momento do êxodo.

De um jeito ou de outro, toda vez que o humano migra, é um estresse.

Se eles forem embora e não levarem os felinos, vocês ficarão sozinhos na casa pela maior parte do tempo, com raras incursões de amigos/parentes/outras pessoas pagas para cuidar de suas necessidades básicas. Por um lado, isso significa paz e tranquilidade. Por outro, o tédio de ficar sozinho e trancado num ambiente fechado pode ser desesperador.

Há também a possibilidade de a toca ser invadida permanentemente por outros humanos que vão tomar conta de vocês e, dependendo da situação, eles podem ser bem-vindos ou se tornar inimigos mortais. Esses novos visitantes incluem amigos para os quais seus humanos emprestaram a casa, sobrinhos, babás de pet, etc.

De todo modo, trata-se de uma mudança de hábito e, como todas as mudanças não decididas por vocês, isso significa aborrecimento e, para os mais sensíveis, irritação.

No entanto, se os felinos forem incluídos no fenômeno da migração, junto com os recipientes de coisas dos humanos surgirá também a odiada caixa de transporte.

Às vezes as espertas criaturas não a deixam à vista até o ultimíssimo momento para não agitar vocês. Em outras ocasiões, as ainda mais espertas criaturas preparam essa fonte de tortura com dias de antecedência, até que vocês nem percebam mais que está ali, e é nesse momento que os capturam e empurram para dentro do cubículo apertado.

No momento da captura, nosso conselho é lutar e reclamar, para que fique claro que desaprova tal comportamento, mas se você tiver motivos para acreditar que a migração pode trazer benefícios a longo prazo, porque desembarcará em algum lugar agradável, não exagere nas queixas e, o mais importante, comporte-se dignamente durante a viagem.

Evite a qualquer custo as evacuações. Viajar junto ao próprio excremento nunca inspira aquele sentimento de respeito e admiração que queremos incutir nos nossos humanos.

A histeria também não é nada elegante.

Capitão Tornado é um exemplo negativo nesse quesito.

Ao contrário do irmão Leopoldino, Tornado é uma criatura simples. Nunca percebe que está prestes a acontecer uma migração até se ver no meio dela, e em todas as vezes ele a encara como uma tragédia felina. O coitado não dá um pio ao ser colocado na bolsa de transporte, mas logo depois esbugalha os olhos e começa a emitir sons assustadores que em nada se parecem com a elegância felina. Os berros roucos, potentes e inquietos, um seguido do outro, perdem o significado e acabam se transformando num barulho misterioso, uma mistura do zurro de um jumento e o latido de um cachorro grande.

Como é meio sensível, Tornado não aguenta viajar sozinho, e por isso a caixa de transporte precisa ser bem resistente, porque o irmão vai junto com ele.

Leopoldino em geral é impassível e corajoso, mas, no início, assim que é capturado, também manifesta indignação, e nos primeiros minutos ambos empurram as paredes flexíveis da caixa, criando protuberâncias que surgem ora no topo, ora nas laterais, ora em todos os lugares. Quem olha de fora poderia imaginar que ali tem um pinscher furioso ou um sagui agitado.

Quando os humanos carregam os companheiros felinos pelas ruas, podem atrair muitos olhares, e alguns que são mais corajosos chegam a se aproximar para perguntar que bichinho está sendo transportando.

Viagens desse tipo costumam ser feitas de carro ou, em alguns lugares, até de trem, uma criação humana incompreensível, um trambolho enorme e barulhento que engole hordas de criaturas em um lugar e as cospe em outro. Ali dentro, por incrível que pareça, é bastante confortável, e durante a viagem Capitão Tornado costuma se acalmar, tendo ataques de pânico apenas esporádicos. Nessas situações, ele arqueja, abrindo a boca e arregalando os olhos feito uma criatura demoníaca. Também é provável que produza mais sessões de berros assustadores até desabar, exausto, em um sono profundo.

Príncipe Leopoldino e Capitão Tornado, como vocês já devem ter percebido, dispõem de um casal de humanos supercompreensivos e podem até se dar ao luxo de cometer deselegâncias desse nível.

Mas é claro que estamos falando de um exemplo a não ser seguido.

Dignidade acima de tudo.

Substâncias entorpecentes

Quando o momento da migração se aproxima, alguns humanos podem querer lhe dar entorpecentes com o objetivo de aturdi-lo e transportá-lo sem grandes problemas.

Você deve tentar cuspi-las e, se não conseguir, finja estar morto.

Como alternativa, lute com todas as forças contra a sensação de torpor, comportando-se feito louco. Os humanos chamam essa reação, oposta à desejada, de "efeito paradoxal", e uma vez introjetado na cabecinha deles que você é sensível demais aos calmantes (morto) ou que sofre do efeito paradoxal (louco), eles logo vão parar de aborrecê-lo com drogas.

OS FILHOTES HUMANOS

Você pode ter escolhido seu humano com todo o cuidado e ainda assim, num ato de traição suprema, ele um belo dia arranjar um companheiro e se reproduzir. Por mais esperto que você possa ser, nunca está completamente protegido dos filhotes humanos, então é importante falar deles.

Os filhotes são concorrentes perigosos e, assim que nascem, monopolizam todas as atenções antes reservadas a você. Não há muito o que fazer a respeito disso.

Se manifestar irritação ou hostilidade, você será imediatamente relegado ao estado de pária, banido de áreas inteiras do território, comprometendo gravemente sua posição social dentro do grupo.

Mostrar um comportamento amigável em relação aos filhotes é o único jeito de não perder muitos privilégios.

A boa notícia é que eles são inofensivos por alguns meses. Não são capazes de se mover sozinhos nem de fazer nada além de gritar, comer e defecar. Desde o momento em que, ainda bem pequeninos, são enrolados em tecidos chamados de *roupinhas*, eles se emporcalham com o próprio excremento. Os pais limpam a sujeirada e depois insistem em embrulhar o filhote de novo dentro de mais tecido. Daí começa um ciclo que demonstra o poder da *coisite* nos humanos, que tem início assim que eles vêm ao mundo.

Nos raros momentos em que não estão borrados de fezes, os pequenos exalam um delicioso perfume de leite.

Nesse período, eles apresentam tanta dificuldade em coordenar os movimentos que podem bater em você sem querer. Fique atento. Nada o proíbe de dormir em cima do filhote, demonstrando sua paixão pela criatura, mas certifique-se de que ele também esteja dormindo para não machucar você.

A fase mais perigosa chega depois, quando os pequenos humanos começam a se mover sobre quatro apoios. Eles podem ser surpreendentemente rápidos nessa postura, agarrando as coisas com suas patinhas preênseis gordinhas, mas ainda sem total controle sobre elas. Em seguida, encorajados pelos adultos, eles começam a vagar com dificuldade sobre duas patas e, nessa fase, caem no chão sem qualquer aviso e com muita frequência.

É esse o momento de começar a educá-los, porque é quando eles podem tentar pegar você do chão de mau jeito, abraçá-lo, esmagar suas patas, puxar seus bigodes, prender você dentro das coisas de tecido como as que os humanos usam e até mesmo *puxar sua cauda*. Isso você jamais deve permitir, em hipótese alguma.

Portanto, você precisa estar sempre vigilante. Assim que perceber que o pequeno alimenta ideias doentias desse tipo, aconselhamos a imediata emissão de poderosos miados de dor (mesmo antes de sentirem a dor propriamente dita), para que os adultos fiquem alarmados; então fuja na mesma hora e passe um período de cauteloso afastamento do indivíduo.

O FILHOTE É INTOCÁVEL e você não deve erguer as patas para ele a não ser que a dor seja insuportável. Mesmo nesse caso, não deixe marcas permanentes.

Uma exceção digna de nota é Bicia, a gata cinzenta, que era especialmente intolerante a sons muito agudos. Ela cresceu em uma família com dois filhotes humanos e, cada vez que um deles gritava, ela se aproximava e batia nele com força.

Mas ela distinguia os verdadeiros berros de dor (como a vez em que um dos filhotes costurou o dedo com a máquina de costura) dos gritos ligados às chamadas “birras”, manifestações de raiva e frustração que utilizam o som como arma principal para chamar a atenção dos pais. Só os gritos deste último tipo a enfureciam.

Certa vez, um dos filhotes se jogou no chão aos berros e ela mordeu a cabeça dele. Um clássico.

É um instinto absolutamente compreensível: quem nunca sentiu o desejo irresistível de morder a cabeça de um filhote humano que grita e se joga no chão? O mais chocante é que os pais do filhote, enquanto tentavam afastá-la, davam gargalhadas (é o termo que se usa quando os humanos arreganham as próprias presas, alegres). O resultado foi que a gata cinzenta não apenas saiu impune por essa clara agressão, como foi considerada, dali em diante, uma preciosa aliada na educação da prole.

No entanto, reforçamos que se trata de uma exceção. Estamos falando de primatas educados por gerações de gatos e desaconselhamos que você tente isso com seus humanos.

Repetimos que os filhotes são intocáveis, e tenha em mente que esses mamíferos continuam assim por um período que corresponde a uma vida felina inteira e às vezes até mais. Há relatos de humanos que ainda são alimentados e ajudados pelos pais, já idosos e curvados. São casos extremos, mas existem.

Por outro lado, se você tiver a sorte e a chance de domesticar um humano desde seu tempo de filhote, poderá alcançar resultados excelentes e ganhar o companheiro mais fiel e incrível que alguém pode desejar.

5

Fixações humanas

A BOLINHA

Pode ser que você se depare com um fanático pela bolinha. Há muitos deles. Esses humanos arranjam ou fabricam uma bolinha – um pequeno objeto redondo –, que depois jogam na sua direção. Eles esperam que você a capture ou bata nela, lançando-a para eles. Então pegam a bolinha e recomeçam a brincadeira. Outras vezes a escondem e querem que você a encontre.

Se não achar chato demais, faça a gentileza de brincar com eles de vez em quando, só para os humanos ficarem felizes. São jogos inocentes e em geral rápidos, porque o primata, por mais que fique empolgadíssimo com o exercício, logo se cansa ou, como de costume, se distrai. Ao deixá-lo contente com essa atividade, você também o ajudará a ser ativo.

Mais uma curiosidade da gata cinzenta, a educadora de filhotes: ela era uma atleta espetacular. A princípio, com exceção de bater nos pequenos humanos, Bicia não fazia muita atividade física. Até que desenvolveu uma paixão verdadeira por esse esporte, indo à loucura toda vez que seus humanos jogavam bolinhas de papel-alumínio em alturas vertiginosas e de quebra mantendo-se em forma.

Como os humanos são muito brincalhões e sentem a necessidade incontrolável de se exibir para os outros de sua espécie, quando chegavam visitas no território, a gata cinzenta era sempre convocada para demonstrar suas proezas. Às vezes os humanos até a acordavam de um sono profundo e imploravam para que exibisse suas habilidades.

Dependendo do humor do momento, ela decidia agradá-los ou não.

É evidente que você não é obrigado a se submeter a todos os caprichos deles.

O BEIJO

Uma das formas mais comuns de os humanos expressarem afeto é o beijo. O primata estica os lábios incrivelmente flexíveis e os encosta em você, às vezes com um movimento de sucção também e um estalo irritante.

Ao fazer isso, a cabeçorra deles surge bem acima de você. Principalmente se estiver dormindo, acordar com uma criatura gigantesca tão perto do seu corpo e estalando os lábios em seu crânio pode ser aterrorizante. Como se não bastasse, o humano pode tentar agarrar você e segurá-lo com firmeza durante essa operação e, em alguns casos, até mesmo *levá-lo à boca*.

Embora os primatas, sejam eles domésticos ou selvagcns, normalmcntc não mordam, nós aconsclhamos que você se debata e não se submeta a essas práticas. Em vez disso, encoraje os humanos a manifestar afeto se esfregando, dando coçadinhas suaves debaixo do queixo e utilizando outros métodos mais agradáveis. Mostre a eles como se faz.

Caso deseje mimar seu bípede, você pode conceder a eles alguns beijinhos delicados, mas apenas quando tiver vontade.

A CAPTURA

Outra manifestação de afeto característica dessa espécie é a captura. De vez em quando o humano parece tomado por um instinto mais forte do que ele e sente a necessidade de nos capturar. Ele nos aperta entre suas patas compridas e, como já explicamos, pode nos levar à boca para uma sessão de beijos.

Ele nos imobiliza sem dó e nos aperta junto ao peito. Às vezes, enquanto nos abraça bem forte, o humano se locomove e nos leva para outras áreas do território.

Em geral isso acontece quando seu habitat recebe estranhos. Então o humano vai atrás de nós, nos captura e nos exibe para os desconhecidos.

Os filhotes dos humanos, a propósito, são grandes captores.

Quando o primata nos pega, ele fica em êxtase. Alguns gatos gostam de ser apertados e sentem um prazer genuíno quando os humanos fazem isso. Eu, por exemplo, até que gosto da proximidade com essas criaturas, mas preciso realmente estar no clima.

O FURTO DAS FEZES

Este é um assunto constrangedor e um ponto obscuro da relação felino-humano. Estamos falando do incompreensível hábito dessa espécie de vasculhar nossa caixa de areia e surrupiar o conteúdo dela.

Todos os dias o humano aparece com uma pazinha, cava em busca do que nós enterramos com toda a paciência e pega aquilo para ele.

Rouba descaradamente torrões endurecidos de xixi e toletinhos de cocô empanados, esconde seu pequeno tesouro em um saquinho e o leva embora.

Por quê? O que ele faz com aquilo?

Não queremos saber.

Isso faz com que a caixa de areia, embora pequena, seja reutilizável. Alguns consideram que é justamente por isso que eles têm essa mania bizarra: o puro prazer de nos servir. Pode ser. Não podemos descartar nenhuma possibilidade.

O ESCONDERIJO

Quando você descansa na mesa, no sofá ou em outro móvel, às vezes o humano leva para perto de você alguns objetos que ele claramente quer que fiquem escondidos debaixo do seu corpo. Cabe a você deixá-lo feliz. Não custa nada atender esse pedido, e o humano ficará exultante. Pode ser um controle remoto*, um celular**, mas também chaves (mais desconfortáveis), uma caneta ou um livro.

Em todo caso, deite sem pressa em cima do objeto, fazendo-o desaparecer por completo debaixo do seu corpo. Pouco depois, o humano começará um ritual: vai se mexer, olhar ao redor, como se procurasse a coisa que você escondeu. Só após muito tempo fazendo esse teatro ele vai tentar pegar o objeto, que a essa altura estará morninho e protegido debaixo de você.

Nesse momento, exerça uma resistência passiva, re-

---

* Objeto parasita de um objeto maior chamado *televisão*, que captura a atenção dessas criaturas por horas e horas.

** Objeto que eles veneram e do qual nunca se separam.

laxando o corpo e fazendo-o pesar pelo menos o dobro do normal.

Se, ao tentar pegar de volta um objeto sobre o qual você se deitou, o humano trouxer outro e deixar ao seu alcance, capture o novo item rapidamente e estabeleça um novo esconderijo na mesma hora.

O MISTÉRIO TERRÍVEL

Existe um mistério obscuro na convivência com os humanos. Uma questão à qual ninguém sabe responder, mas sobre a qual paira uma dúvida razoável e relevante: a esterilização repentina e injustificada à qual os gatos muitas vezes são inexplicavelmente submetidos.

Ninguém sabe como isso acontece, mas o fato é que não são muitos os gatos que escapam desse destino. Não há testemunhos detalhados, o que torna tudo ainda mais assustador.

O que parece evidente é que parte da responsabilidade desse terror reside em uma das figuras mais apavorantes entre os humanos: o Indomesticável, o Grande Perseguidor, o Jaleco Branco, isto é, o Veterinário.

Muitos dos gatos condenados a esse destino cruel têm na memória a imagem do Indomesticável se aproximando deles e, depois, mais nada.

Simplesmente acordamos em nossa toca – ou, em alguns casos, ainda no campo de concentração do Indomesticável – e percebemos que tudo mudou para sempre.

Essa prática bárbara é inexplicável. Não há dúvida de que, a seu jeito, esses primatas se afeiçoem a nós de verdade. Portanto, é difícil acreditar que façam isso para nos machucar. Ainda assim, é inegável que é isso que acontece.

6

A convivência com terceiros

GATOS

Se você nasceu e cresceu junto com outros gatos, conhece as inegáveis vantagens que a sociedade felina oferece, desde a simples companhia até a cumplicidade na hora de tocar o terror.

Os gatos brincam, fazem exercício, se revezam limpando um ao outro com cuidado e colocam em ação planos que dificilmente realizariam sozinhos. Além disso, há a alegria das relações e de compartilhar a vida com os semelhantes, sobretudo se são amados.

O HEROICO PONGO, um poderoso gato preto que cresceu em uma toca densamente povoada por humanos e felinos, se autoproclamara defensor dos oprimidos. Quando os outros felídeos se metiam em algum problema, ao primeiro miado Pongo chegava, solícito.

Um dia, Luigino, o amarelo, enfiou a cabeça em um saco plástico e não conseguia mais se livrar dele: correu pela casa apavorado, batendo em objetos e moradores, até se enfiar debaixo de um móvel, e de lá chorava pedindo socorro.

O filhote humano disparou para salvá-lo e foi para

debaixo do móvel, tentando, daquela posição desconfortável, libertar Luigino. Pongo chegou no mesmo instante, e sua visão parcial dos acontecimentos turvou seu juízo: pensando que o filhote houvesse enlouquecido e estivesse tentando sufocar Luigino com um saco plástico, partiu para o ataque contra o humano.

Debaixo do móvel se instaurou um pandemônio: Luigino berrava, o humaninho berrava, Pongo batia. Os outros primatas que assistiam à cena berravam também. No fim das contas, ao se aliarem, conseguiram afastar Pongo e fechá-lo em outro cômodo. Luigino foi libertado, o primata machucado recebeu os devidos cuidados e Pongo foi liberado de sua detenção. Não houve nenhuma represália: estava claro que ele havia agido daquela forma movido por sentimentos muito nobres, e até sua pequena vítima humana o respeitou ainda mais por isso.

Em certas situações, pode ser que a convivência com outros gatos aconteça de maneira inesperada e repentina: um belo dia o humano aparece em casa com outro felino, sem pedir permissão.

Talvez você finalmente tenha alcançado a idade em que um gato se sente equilibrado e tranquilo, e eis que chega um pré-adolescente enlouquecido.

Talvez você tenha acabado de estabelecer uma relação de subordinação, na qual o humano atingiu o ápice da dedicação, e de repente ele surge com um recém-nascido e não desgruda os olhos dele.

Talvez, pior ainda, você esteja lambendo, distraído, uma das patas na poltrona preferida, quando a porta de casa se abre e surge um felino miserável de meia-idade, pulguento e em má condição física, acostumado com brigas de rua e que mal entende a sua língua. Às vezes o forasteiro é uma fêmea, uma andarilha que o primata cisma em chamar de gatinha e que grita impropérios e ameaças de morte a você já da porta.

Tudo pode acontecer e é importante você estar preparado.

MAS LEMBRE-SE: apesar dos pesares, todos eles são gatos.

Por mais que a vida não tenha sido generosa com esses felinos, quer sejam agitados, marrentos ou imundos, por trás dessa catástrofe há um espírito semelhante, superior, que deseja apenas se destacar e brilhar.

Às vezes é difícil enxergar isso, nós sabemos. Mas dê tempo ao tempo e tenha confiança na transformação até mesmo do último bruto pulguento.

SERES INFERIORES

Vegetais

Do interior

Dividem-se em duas categorias: flores em vasos com água e plantas na terra.

Ambas devem ser despedaçadas.

No caso das flores em vasos, comece atacando o recipiente, que também pode servir de fonte de água, afastando as flores com cabeçadas. Depois, pule nas inflorescências, mordendo, esbofeteando com raiva, acabando com elas a unhadas. O grand finale consiste em derrubar o vaso em cima do cemitério de vegetais que você criou e espalhar água por tudo que é canto.

Já as plantas ficam em vasos cheios de terra, que são espalhados pelo apartamento de modo que você possa cavar dentro deles.

Caules e folhas podem ser aniquilados com técnicas diversas que você poderá explorar como bem entender, sempre arranjando passatempos novos.

Do exterior

As plantas na varanda ou no jardim oferecem alternativas válidas à caixa de areia.

De fato, os humanos regularmente espalham nelas aquilo que eles chamam de adubo, que nada mais é do que excrementos de animais desconhecidos.

Se quiser se mostrar útil, escolha uma única planta – de preferência a de que os humanos mais gostam, grande e exuberante – e defeque na terra dela em abundância. Depois irrigue generosamente o terreno com urina na base, dia após dia, até vê-la murchar, sinal inequívoco de que você fez um ótimo trabalho. Então passe para a próxima vítima.

VEGETAIS COMESTÍVEIS PARA OS HUMANOS (ervas aromáticas, tentativas de hortinhas com tomates ou legumes) podem ser borrifados diretamente com urina. As técnicas de adubagem mais extremas preveem a disposição da massa fecal bem à mostra, como decoração de folhas e frutos.

QUANDO VOCÊ NÃO ESTIVER com vontade de se dedicar à jardinagem, pode descansar aninhando-se em plantinhas e florezinhas delicadas. Esmagando-as bastante, você obterá uma confortabilíssima caminha ao ar livre.

CUIDAR DOS VEGETAIS É uma tarefa nobre, mas não faz parte da nossa natureza. Logo, serão inevitáveis os momentos em que você será tomado por repentinos ataques assassinos e não resistirá a atacar e agredir qualquer forma de vida passiva que se encontre no seu caminho.

Pode ser que o humano não goste. Tente se manter longe do local do ocorrido quando ele perceber o estrago e demonstre indiferença.

OUTROS ANIMAIS

"Os cachorros são para os humanos aquilo que os humanos são para os gatos."
PRÍNCIPE LEOPOLDINO

Na convivência com os humanos, pode acontecer de você ter que dividir o território com outras espécies. A seguir, damos indicações que vão ajudá-lo a lidar com elas. Podem existir canídeos dignos de admiração, papagaios amigáveis, peixes maiores que você, mas são raras exceções.

Canídeos

Existem de todos os tipos, tamanhos e modelos, desde os desprovidos de pelos e pequenos feito esquilos aos enormes e peludos como ursos.

Vamos ser breves: os cachorros em geral são sujos, fedorentos, barulhentos, exageradamente animados. Não são maus elementos. Pelo contrário, são criaturas legais, sobretudo se chegam sozinhas. Mas são simplórios demais. Estão sempre grudados nos humanos, não tiram os olhos deles e são completamente dependentes dos primatas. Os filhotes, ainda mais se forem acometidos por gigantismo, são desajeitados e inoportunos.

Apesar disso, é inegável que a convivência com um cão pode ser fonte de diversão. Alguns até têm temperamento e hábitos mais compatíveis com os nossos e, de acordo com as pesquisas, podem se tornar ótimos amigos.

Em todo caso, você deve subjugá-los desde o início.

Roedores

Essas criaturas são mantidas em gaiolas pequenas onde você pode vê-las, mas não tocá-las. Uma forma de sadismo incompreensível, mas muito comum. Por que aprisioná-las por toda a sua miserável vida?

Peixes

Vale o que foi dito para os roedores; a diferença é que os peixes são mais agradáveis de olhar, mais hipnotizantes. Suas gaiolas são caixas de vidro chamadas aquários. Preste atenção à transparência da água: quando fica suja, o primata precisa limpar o recipiente, transferindo os peixes para recipientes mais simples. Esse é o momento de atacar.

Pássaros

Aqui vemos até que ponto pode chegar a crueldade humana. Em geral, os pássaros são mantidos em gaiolas onde não podem sequer *voar*! É sua obrigação moral tentar abrir as gaiolas a qualquer custo e pôr fim ao sofrimento deles.

Os PAPAGAIOS SÃO uma história à parte. São criaturas temíveis. Antes de mais nada, são inteligentes. Às vezes falam com os humanos e provavelmente dão instruções a eles. São impiedosos, armados de grandes bicos e garras, além de arrogantes e belicosos. Aconselhamos ficar longe deles, principalmente dos grandes.

Répteis e anfíbios

Por alguma razão, alguns humanos têm em seu território exemplares desses animais, que também costumam ficar trancados em caixas de vidro transparentes. Gostamos muito das tartarugas, que podem ser usadas como pontos de observação ou meios de transporte lentos. Dá até para se distrair com o casco e brincar de esconde-esconde com ele. Tartarugas à parte, os outros répteis e anfíbios em geral são repugnantes e não merecem nosso interesse. Quando o assunto são cobras grandes, se elas forem deixadas soltas pelo ambiente, nunca as perca de vista e, se possível, mude de toca.

Outros primatas

Todos os primatas grandes demais para serem devorados por um gato demonstram uma clara preferência pela nossa espécie.

Embora na natureza não haja muitas oportunidade de convivência entre nós e outros primatas, algumas vezes o destino, em geral um humano, faz com que isso aconteça.

Circulam até boatos de um caso exemplar: a história de Koko, uma gorila que cresceu em cativeiro, e Francine, uma humana que lhe ensinou a linguagem de sinais. Embora as duas tenham convivido por muitos anos, Koko nunca conseguiu ensinar a língua dos gorilas a Francine, o que prova mais uma vez que animais muito tagarelas raramente sabem ouvir. Mas estou divagando.

O que queremos ressaltar é que quando Francine, usando a linguagem de sinais, perguntou a Koko qual era seu maior desejo, ela respondeu: um gato.

E existem numerosos testemunhos da amizade que, em sua longa vida, ligou Koko a vários dos nossos.

CONCLUSÃO

UM HUMANO É PARA SEMPRE

Os humanos são seres longevos. Se você tiver domesticado bem seu exemplar, ele será seu para sempre. Mesmo quando você estiver velho, desdentado, não quiser mais comer, não conseguir mais fazer as necessidades com dignidade, o primata vai continuar a servi-lo e poderá levá-lo ao Indomesticável para prolongar sua agonia.

Se você tiver escolhido um humano que dispõe de uma condição social elevada e muitos recursos, é maior a probabilidade de que isso aconteça.

Se sentir que chegou a hora de descansar para sempre e quiser colocar um ponto-final na história, você deverá começar a fazer xixi e cocô em todos os lugares, até na cama de casal, sobretudo quando o casal estiver deitado nela. Isso pode finalmente encorajá-los, mesmo a contragosto, a deixá-lo partir.

ESTE É O PARADOXO desses grandes mamíferos: se como espécie são assustadores, como indivíduos podem ser criaturas amorosas, protetoras, inteligentes e generosas. Do jeito deles, sem elegância, fazendo barulho, desajeitados. Mas, exatamente como os felinos, não querem nada além de amar e ser amados.

AGRADECIMENTOS

A Daria Bignardi e Giulia Ichino, que foram as primeiras a ler o manuscrito e acreditaram que pudesse interessar a outros humanos.

A Andrea Ferolla, cuja apreciação e generosidade foram fundamentais, e não somente pelas maravilhosas ilustrações que nasceram delas.

A Annalisa Lottini e a toda a equipe da Giunti, que me acompanharam e apoiaram (como se deve fazer com os lunáticos perigosos).

Às amigas e aos amigos amantes de gatos que deram seu apoio e contribuição. Entre eles, Giulia e Grazia De Amicis, Cristiana De Rysky, Margherita Ferracuti, Francesca Filiasi e Renata Orlandini.

À minha família, que me ensinou a amar os outros animais: à vó Wanda, que antes de sair de casa sempre preparava um embrulhinho com biscoitos e o botava na bolsa, caso encontrasse seus amigos cachorros; a meu pai e minha mãe, que, cada um do seu jeito, me ensinaram a conhecer e a cuidar das outras criaturas vivas. Aos meus irmãos e sobrinhos, que me ajudam e me apoiam sempre. A Andrea Massari, que foi um leitor empolgado desde o início. Sempre e de todas as formas, a Stefano Massari, meu amado, que é o melhor aliado que alguém pode desejar.

Obrigada.

CONHEÇA ALGUNS DESTAQUES DE NOSSO CATÁLOGO

- Augusto Cury: Você é insubstituível (2,8 milhões de livros vendidos), Nunca desista de seus sonhos (2,7 milhões de livros vendidos) e O médico da emoção
- Dale Carnegie: Como fazer amigos e influenciar pessoas (16 milhões de livros vendidos) e Como evitar preocupações e começar a viver
- Brené Brown: A coragem de ser imperfeito – Como aceitar a própria vulnerabilidade e vencer a vergonha (600 mil livros vendidos)
- T. Harv Eker: Os segredos da mente milionária (2 milhões de livros vendidos)
- Gustavo Cerbasi: Casais inteligentes enriquecem juntos (1,2 milhão de livros vendidos) e Como organizar sua vida financeira
- Greg McKeown: Essencialismo – A disciplinada busca por menos (400 mil livros vendidos) e Sem esforço – Torne mais fácil o que é mais importante
- Haemin Sunim: As coisas que você só vê quando desacelera (450 mil livros vendidos) e Amor pelas coisas imperfeitas
- Ana Claudia Quintana Arantes: A morte é um dia que vale a pena viver (400 mil livros vendidos) e Pra vida toda valer a pena viver
- Ichiro Kishimi e Fumitake Koga: A coragem de não agradar – Como se libertar da opinião dos outros (200 mil livros vendidos)
- Simon Sinek: Comece pelo porquê (200 mil livros vendidos) e O jogo infinito
- Robert B. Cialdini: As armas da persuasão (350 mil livros vendidos)
- Eckhart Tolle: O poder do agora (1,2 milhão de livros vendidos)
- Edith Eva Eger: A bailarina de Auschwitz (600 mil livros vendidos)
- Cristina Núñez Pereira e Rafael R. Valcárcel: Emocionário – Um guia lúdico para lidar com as emoções (800 mil livros vendidos)
- Nizan Guanaes e Arthur Guerra: Você aguenta ser feliz? – Como cuidar da saúde mental e física para ter qualidade de vida
- Suhas Kshirsagar: Mude seus horários, mude sua vida – Como usar o relógio biológico para perder peso, reduzir o estresse e ter mais saúde e energia